Menâhil
Yayın No: 17

Kitabın Adı:	Bu Yıl Hacca Gidemeyenlere "Zilhicce Risalesi"
Yazar:	İbrahim Gadban
Tashih&Redakte:	Abdullah Yıldırım
KapakTasarım:	Ebyar Turab
Baskı:	Çetinkaya Ofset (332 342 01 09) Fevzi Çakmak Mah. Hacı Bayram Cad. No: 18 Karatay/KONYA
Sertifika No:	25537
Cilt:	Ayyıldız Cilt-Matbaa (0535 8805058)
Baskı Tarihi:	Haziran/2019

İletişim
İhlas Kitabevi
Şükran Mah. Başaralı cd. No:6
Rampalı Çarşı no:12 Meram/KONYA
Tel: 0 332 350 4687
0 541 834 0273
www.ihlaskitabevi.com

BU YIL HACCA GİDEMEYENLERE

"ZİLHİCCE RİSALESİ"

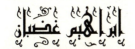

İbrahim Gadban

GİRİŞ

Hacca gitmek, orada Rahmân'ın misafiri olmak, Rasûlullah'ın, ashabının ve tarih boyu tüm mü'minlerin yapageldiği hac menâsikine şahit olmak kuşkusuz tüm Müslümanların en büyük arzularındandır.

Hac, Allah'ın bu ümmete emrettiği en büyük ibadetlerden ve günahları döken en etkin amellerdendir. Hac, *"yeniden doğuş"*tur. Rasûlullah sallallahu aleyhi ve sellem şöyle buyurur:

> *"Kim Allah için hacceder ve bu esnada cinsel ilişkiye girmez, fıska düşürecek işler yapmazsa (hacdan) anasından doğduğu günkü gibi (günahsız) döner."*[1]

Bir gün Rasûlullah sallallahu aleyhi ve sellem'e:

—Amellerin en faziletlisi hangisidir, diye sual edildi.

—*Allah'a ve Rasûlüne iman etmektir,* buyurdu.

— Sonra hangisidir, dendi.

—*Allah yolunda cihaddır,* buyurdu.

—Daha sonra hangisidir, dendi.

—**Kabul edilmiş bir hacdır,** buyurdu.[2]

İşte böylesine müthiş faziletler yumağına sahip bir ameldir hac...

---

[1] Buhârî rivayet etmiştir.
[2] Buhârî rivayet etmiştir.

Lakin bu büyük nimet, her mü'mine nasip olmayabiliyor. Bu nedenle üzülüyor, mahzun oluyor, duygusallık yaşıyor mü'min... Vallahi tüm bunlarda haklıdır. Hac, gidilemediğinde uğrunda ağlanılacak, mahzun olunacak kadar önemli bir ibadettir. Ama hamd olsun ki, elimizde onun ecrini yakalayabileceğimiz fırsatlar da var. Allah, engin merhameti gereği hacca gidemeyen kullarını da düşünmüş, onlara da bazı amelleri yapmaları durumunda hac ecri bahşetmiştir.

İşte biz bu risalemizde öncelikle içerisinde hac günlerinin bulunduğu ay olan Zilhicce'nin amellerinden bahsedecek, aralarında da hacca muâdil sayılacak bazı amelleri ele alacağız.

Rabbim şimdiden bu amelleri yaparak bizleri hac ecrine nail olan kullarından eylesin. (Allahumme âmîn)

EY HACCA GİDEMEYEN KARDEŞİM!

❶ Eğer bu yıl sana da hac nasip olmamışsa, bu yıl da tavaftan, telbiyeden ve Arafat'ta vakfe yapmaktan mahrum olmuşsan üzülme, endişelenme, mahzun olma! Hacca gidememişsen, hacca gidenlerin ecirlerinden de mahrum değilsin ya! Haccı kaçırmış olman, hacca gidenlerin ecirlerini kaçırdığın anlamına gelmiyor.

❷ *"Ramazan ayını iyi değerlendiremedim"*, *"o mübarek ayda gaflete düşüp gereği gibi kulluk yapamadım"* diyorsan işte ayağına müthiş bir fırsat daha geldi! Ramazan'ı telafi etmen ve onda ulaşamadığın kulluk makamını yakalayabilmen için Zilhicce'nin ilk on günü kaçırılmaması gereken harika bir fırsattır. Öyle ya, kerem sahibi Rabbimiz'in "kullarım mutlaka cennete gitsin" diye sunduğu fırsatlar zincirinin ardı arkası kesilir mi hiç?

❸ Şu an önümüzde öyle fırsatlar var ki, bu fırsatlar aslında hacıların bile kendisini elde etmek için çabaladığı, sırf onun için hacca gittiği müthiş fırsatlardır.

Onlar da ne mi diyorsun?

→Mesela günahlardan arınma,

→Mesela hata ve kusurlarla kirlenmiş amel defterini beyazlatma,

→Mesela ecirleri kat kat artırma,

→Mesela âlemlerin Rabbi olan Allah'a yakınlaşma...

Tüm bunlar, bu günlere erişen her mü'min kula sunulmuş fırsatlardır. Bu fırsatları elde etmek için ille de hacı olmana gerek yok; Allah subhânehu ve teâlâ, hacca imkân bulamayanlara da kereminden bu fırsatları bahşetmiştir.

❹ Sakın ha bu yıl da "iki kere zarar edenlerden" olma!

→Hem hacca gidemeyerek zarar edenlerden,

→Hem de hac günlerinde Allah'ın alternatif olarak sunduğu sevap kapılarını kapatarak zarar edenlerden...

Sakın ha bu iki zarara birden muhatap olup kârlı alışveriş günlerini kaçırma!

❺ Allah'ın kendisine bahşettiği nimetlerin kıymetini bilmeyenler, kaçınılmaz olarak o nimetlerden mahrum olurlar. Eğer sen bu günlerin kıymetini ve arınmak için sana sunulmuş olan bu günlere özgü amellerin faziletini bilmezsen, Allah seni bu günlerin mükemmel nimetleri olan o sâlih amellerden mahrum bırakır.

❻ Bu günlerde "tembellik" ve "atâlet" elbisesini üzerinden çıkar. Gevşekliği bırak! Gafleti terk et! Bil ki bu günlerde çok çalışırsan, kabrinde çok daha iyi ve müsterih bir şekilde bol bol istirahat edeceğin zamanın olacaktır.

❼ Bil ki, bu günlerde nefsini hak olan işlerle meşgul etmezsen, kaçınılmaz olarak nefsin seni bâtıl olan işlerle yeterince meşgul edecektir.

❽ Okuduğun ve okuyacağın bilgileri "amel" potasına geçirmezsen, okumuş olmanın sana "yük olmaktan" başka bir fayda sağlamayacağını bil.

❾ Sen bu sayılanları yaptığında işte o zaman gerçek manada *"Haccın mebrûr, günahların mağfûr olsun"* diyerek seni tebrik edebiliriz. Ve bu, ancak o vakit bizi hakiki anlamda sevindirip mutlu edecektir.[3]

---

[3] Mebrûr bir hac, günahlardan uzak durularak ve hacca taalluk eden amelleri eksiksiz yaparak yerine getirilen bir hacdır. Böyle bir haccın karşılığı –hadislerde beyan edildiği üzere– ancak cennettir.

NEDEN ZİLHİCCE'NİN
İLK ON GÜNÜ?

Öncelikle şunu hatırlatalım ki, Müslümanların birçoğu bu on günün faziletinden ve ne kadar büyük bir değere sahip olduğundan habersizdirler. Ne hikmettir bilinmez ama onların büyük bir kısmı Ramazan'ın değerini bildikleri kadar Zilhicce'nin değerini bilmemekte, bu nedenle de o günlere özgü ibadet ve taatleri yapamamaktadırlar. Oysa eskilerimiz, bu günlere kavuşmak için gözyaşı döker ve bu günlerin hayrına erişme adına için için Allah'a yalvarırlarmış. Onların iple çektiği bu günleri bizler maalesef çarçur etmekte, lâf-ı güzaflarla veya boş ve faydasız işlerle heba etmekteyiz. Ne diyelim, Allah'tan bir an önce bu gafletten bizleri kurtarmasını ve bu konuda bizlere şuur vermesini diliyoruz.

Zilhicce'nin ilk on günü, Allah katında müthiş faziletlere sahiptir. Bu faziletlerden bazılarını şu şekilde zikredebiliriz:

❶ Rabbimiz subhânehu ve teâlâ, Fecr Sûresi'nin girişinde bu on günün **gecelerine yemin etmiştir**.

وَالْفَجْرِ وَلَيَالٍ عَشْرٍ

"Fecre ve on geceye yemin ederim ki..."
(89/Fecr, 1, 2)

Malum, Allah bir şeye yemin etmişse, o şey mahiyetini idrak ettiğimiz ve edemediğimiz birçok açıdan son derece önemlidir.

❷ Bu günler, umumen dünya günlerinin **en faziletlisi**dir.⁴ Rasûlullah sallallahu aleyhi ve sellem şöyle buyurur:

*"Dünya günlerinin en faziletlisi Zilhicce'nin ilk on günüdür"*⁵

❸ Bu günler, sair günler içerisinde Allah'a **en sevimli** olanlarıdır. Rasûlullah sallallahu aleyhi ve sellem şöyle buyurur:

"Hiçbir salih amel, Allah'a, Zilhicce'nin ilk on gününde işlenen amellerden daha sevimli değildir." ⁶

❹ Bu günlerin onuncusu *"kurban günü"*dür ve bu gün, dünya günlerinin **en şereflisi**dir. Rasûlullah sallallahu aleyhi ve sellem şöyle buyurur:

*"Dünya günlerinin en şereflisi, kurban günüdür."*⁷

❺ Bu günlerde işlenen salih ameller, **Allah katında cihaddan daha kıymetli ve daha faziletli**dir. Rasûlullah sallallahu aleyhi ve sellem şöyle buyurur:

"Hiçbir salih amel, Allah'a, Zilhicce'nin ilk on gününde işlenen amellerden daha sevimli değildir."

Bunun üzerine orada bulunan sahabîler:

—Yâ Rasûlallah! Allah uğrunda yapılan cihad da mı üstün değildir, dediler.

Rasûlullah sallallahu aleyhi ve sellem:

---

⁴ Günler arasındaki fazilet farkına risalemizin sonunda değineceğiz inşâallah.
⁵ Bezzâr rivayet etmiştir. Hadis *"sahih"*tir.
⁶ Buhârî rivayet etmiştir.
⁷ Ebu Davûd ve Nesâî rivayet etmiştir. Hadis *"sahih"*tir.

—*(Evet), Allah yolunda yapılan cihad da üstün değildir. Ancak malıyla ve canıyla cihada çıkıp, geri dönemeyen kimsenin cihadı böyle değildir,* buyurdu.⁸

❻ Bu günlerin dokuzuncu günü *"Arefe"*dir. Bilir misin Arefe günü nedir?

♦ Bu gün, Allah'ın insanları cehennemden en çok âzad ettiği gündür. Rasûlullah sallallahu aleyhi ve sellem şöyle buyurur:

*"Allah'ın, Arefe gününden daha çok kullarını ateşten âzad ettiği bir gün yoktur. Allah o gün kullarına yaklaşır ve 'Bunlar ne isterler ki? (İşlerini güçlerini bırakıp burada toplanmışlar) diyerek onlarla meleklerine övünür."*⁹

♦ Bu gün tutulan oruç, iki yıllık günahın affedilmesine sebeptir. Rasûlullah sallallahu aleyhi ve sellem şöyle buyurur:

*"Arefe günü tutulan oruç, geçmiş bir yılın ve gelecek bir yılın günahlarına kefâret olur"*¹⁰

♦ Ve yine bu gün, içerisinde dua edilen günlerin en hayırlısıdır. Rasûlullah sallallahu aleyhi ve sellem şöyle buyurur:

"En hayırlı dua, Arefe günü yapılan duadır. Benim ve benden önceki nebilerin söylediği en hayırlı söz: 'Lâ ilahe illallahu vahdehu lâ şerike leh, lehu'l-mulku ve

---

⁸ Buhârî rivayet etmiştir.
⁹ Müslim rivayet etmiştir.
¹⁰ Müslim rivayet etmiştir.

lehu'l-hamdu ve huve 'alâ kulli şey'in qadîr' sözüdür."[11]

Zilhicce'nin ilk on günü içerisinde Arefe gününden başka bir gün olmasaydı, bu, fazilet bakımından bize yeter de artardı.[12]

❼ Bu on günden sonra gelen ve *"Teşrîk günleri"* dediğimiz 11, 12 ve 13. günler, **Allah'ı zikir** günleridir. Rabbimiz buyurur ki:

$$وَاذْكُرُواْ اللّهَ فِي أَيَّامٍ مَّعْدُودَاتٍ$$

"Sayılı günlerde Allah'ı anın." (2/Bakara, 203)

Buradaki "sayılı günler"den kasıt Kurban Bayramının 2. 3. ve 4. günleridir. Yani Zilhicce'den sonra gelen 11, 12 ve 13. günler... Bu günler hakkında Rasûlullah sallallahu aleyhi ve sellem de şöyle buyurur:

"Dikkat edin! Bu günler yeme, içme ve Allah'ı zikir günleridir."[13]

Bundan dolayı Ebu Musa el-Eş'arî radıyallahu anh, bayram hutbesinde şöyle demiştir:

"Bu günden sonraki üç gün, Allah'ın Kur'ân'da zikrettiği 'sayılı günler'dir. Bu üç günde dualar geri çevrilmez. Şu halde haydi, arzularınızı Allah'a yükseltin."[14]

---

[11] Tirmizî rivayet etmiştir.
[12] Arefe günü, yılda sadece bir kere gelmektedir. Toplumumuzun bildiği veya algıladığı şekilde her iki bayramın bir gün öncesi değildir. Arefe günü, sadece Kurban Bayramının bir gün öncesi, hacıların Arafat Dağı'nda vakfe yaptıkları gündür.
[13] Müslim rivayet etmiştir.
[14] Letâifu'l-Meârif, İbn Receb el-Hanbelî, 1/290.

Duaların reddedilmediği bu günlerde acaba biz ne yapacağız?

❽ Zilhicce'nin ilk on günü, **ibadetlerin analarının kendisinde toplandığı günler**dir. İbn Hacer der ki:

"Görünen o ki, Zilhicce'nin ilk on gününün (diğer günlerden daha) ayrıcalıklı olmasının sebebi; namaz, oruç, sadaka ve hac gibi ibadetlerin analarının kendisinde toplanmasındandır. Bu, onun dışında başka bir şeyde söz konusu değildir."[15]

İşte bu on gün, böylesine birçok fazileti içerisinde barındıran müthiş değerli günlerdir. Ama üzülerek söylüyoruz ki bizler, altından kıymetli bu harika günleri şeker almak, kıyafet bakmak ve tıraş olmak gibi çok basit ve teferruat işlerle heba ediyoruz.

Siz söyleyin, bu akıl kârı mıdır?

---

[15] Fethu'l-Bârî, 2/534.

BU ON GÜNDE NELER YAPALIM?

Zilhicce'nin ilk on gününde yapılacak o kadar çok ibadet, o kadar çok sâlih amel vardır ki, hamdolsun kul, bunlar sayesinde –hacca gidemese bile– gidenler kadar ecir alıp, kulluk makamının derecelerinde yükseklere doğru tırmanabilir.

Şimdi gelin, bu günlerde neler yapılabileceğine hep beraber göz atalım:

❶ **ALLAH'I ZİKİR.**[16]

Hacca gidemeyenlerin, altından değerli olan bu günlerde yapacağı en zahmetsiz amel, hiç şüphesiz *"zikir"*dir. Zikir; namaz, oruç ve gece kıyamı gibi kulu bitap düşürebilecek amellere nazaran çok daha kolay, çok daha basittir. Kolaylığı nedeniyle, özellikle bu sayılı günlerde ihmali asla söz konusu olmamalıdır.

Allah subhânehu ve teâlâ Kitabında, Rasûlullah sallallahu aleyhi ve sellem de pak Sünnetinde Müslümanların bu günlerde zikirle meşgul olmalarını istemiştir. Rabbimiz buyurur ki:

---

[16] "Zikir" derken bununla asla sûfierden bazı güruhların yaptığı ve mutlak surette bidat olan **"höykürmeyi"** kast etmiyoruz. Bizim zikirle kastımız; Allah'ın ve Rasûlü'nün bize öğrettiği veya yapmamıza müsaade ettiği dualar ve virdlerdir. Müslüman, hayatının her karesinde Allah ve Peygamberi tarafından kendisine emredilen/tavsiye edilen zikirleri okuyarak Rabbini anmalıdır. Namazını, orucunu veya diğer ibadetlerini nasıl ki Rasûlullah'tan öğreniyorsa, zikrin nasıl yapılacağını da kesinlikle O'ndan öğrenmeli, içerisinde bin bir türlü hurafeler bulunan bir şeyi zikir diye yutturmaya çalışanlara itibar etmemelidir.

$$\text{وَيَذْكُرُوا اسْمَ اللهِ فِي أَيَّامٍ مَعْلُومَاتٍ...}$$

"Bilinen günlerde Allah'ı ansınlar." (22/Hac, 28)

Burada konu edilen *"bilinen günler"* ile Teşrik günleri de dâhil olmak üzere Zilhicce'nin ilk on günü kast edilmektedir. Âlimlerimizden bazıları ise bunu sadece Zilhicce'nin ilk on gününe hasr etmektedir. Rasûlullah sallallahu aleyhi ve sellem şöyle buyurur:

"Allah katında Zilhicce'nin ilk on gününde yapılan amellerden daha kıymetlisi ve daha sevimlisi yoktur. Bu nedenle bugünlerde tesbîhi, tahmîdi, tehlîli ve tekbîri çok getirin!"[17]

Bilindiği gibi tesbîh "subhânallah" demek, tahmîd "elhamdulillah" demek, tehlîl "lâ ilâhe illallah" demek, tekbîr ise "Allahu ekber" demektir.

Bu günlerde ağzımızı boş sözlerle değil, bu zikirlerle ıslak tutmalıyız.

Bu günlerde yapılacak zikir iki türlüdür:

1) Mutlak Zikir.

Bu, her hangi bir zaman veya mekân içerisinde yapılması bize emredilmeyen *"subhânallah"*, *"elhamdulillah"*, *"Allahu ekber"* ve *"lâ ilâhe illallah"* zikri gibi genel olan zikirlerdir. Zilhicce'nin ilk on gününde ve Teşrik günlerinde her yerde ve her zamanda yapılabilir. Sahabeden İbn-i Ömer gibi bazı zatlar, bu günlerde yollara ve çarşı pazarlara çıkar, Allah'ı zikrederlermiş. Bu şekilde Müslümanlara da zikrullahı hatırlatırlarmış.

---

[17] Sahîhu't-Terğîb ve't-Terhîb, 1248.

2) Mukayyed Zikir.

Bu ise, Arefe günü sabah namazından başlayıp bayramın dördüncü günü ikindi namazına kadar 23 vakit farz namazın ardına birer defa yapılan zikirdir ki, buna *"teşrîk tekbirleri"* denir. Bunun siygası şöyledir:

اللهُ أَكْبَرُ اللهُ أَكْبَرُ.. لَا إِلَهَ إِلَّا اللهُ.. وَاللهُ أَكْبَرُ..اللهُ أَكْبَرُ.. وَلِلهِ الْحَمْدُ

"Allahu ekber Allahu ekber, lâ ilâhe illallâhu vallâhu ekber. Allâhu ekber ve lillahi'l-hamd"

✔ GEL, CENNETE BİR AĞAÇ DİK

Rasûlullah sallallahu aleyhi ve sellem buyurur ki:

"Bir kimse 'subhânallâhi ve bihamdihi' derse, cennette onun için bir hurma ağacı dikilir."[18]

Bu günlerde cennette sana verilecek engin arazilerini, kendisinden kardeşlerine ikramda bulunacağın hurma ağaçlarıyla süsleyebilirsin. Unutma ki, ne kadar çok zikir, o kadar çok ağaç; ne kadar çok ağaç o kadar çok ikram demektir.

✔ ÖZEL ZİKİRLERİNİ UNUTMA!

Bu günlerde genel olarak Rabbimizi zikredeceğiz; ama normal zamanlar için edindiğimiz virdlerimizi de unutmamamız ve ihmal etmememiz gerekir.

- Uyuyacağımızda ve uykudan uyandığımızda yaptığımız zikirler,
  - Eve girerken ve çıkarken yaptığımız zikirler,
  - Tuvalete girerken ve çıkarken yaptığımız zikirler,
  - Vasıtamıza binerken yaptığımız zikirler,

---

[18] Tirmizî ve İbn Mâce rivayet etmiştir.

• Çarşı-pazara girerken yaptığımız zikirler...

Tüm bunlar bu günlerde daha hassasiyetle yapmamız gereken zikirlerimizdir.

— ÖNERİMİZ VAR —

▶ Bu günlerde Allah'ı az değil, çok çok zikret. Çünkü:

وَالذَّاكِرِينَ اللَّهَ كَثِيرًا وَالذَّاكِرَاتِ أَعَدَّ اللَّهُ لَهُمْ مَغْفِرَةً وَأَجْرًا عَظِيمًا

"Allah'ı çokça zikreden erkeklerle çokça zikreden kadınlar var ya, işte onlar için Allah bir mağfiret ve büyük bir mükâfat hazırlamıştır." (33/Ahzab, 35)

▶ Allah'ı özellikle kimsenin görmediği yerlerde ve anlarda zikret. Çünkü: *"Kimsenin kendisini görmediği yerlerde Allah'ı anıp gözyaşı döken kişi, kendi gölgesinden başka bir gölgenin bulunmadığı Kıyamet gününde Allah Teâlâ tarafından gölgelendirilecektir.*[19]

▶ İnsanların gaflette olduğu anlarda Allah'ı zikretmeyi ihmal etme. Bu da daha çok insanların alış verişe daldığı ve dünyalıkların peşine takıldığı anlarda olur.

▶ Bu günlerde sakın ha Allah'ı anan o güzel ağzını boş sözlerle kirletme. Allah kendilerine rahmet etsin, Selef-i Sâlihîn, Zilhicce'nin ilk on günü içerisinde yanlış bir tek söz söylemekten bile çok sakınırmış.

Bir Örnek

Zâtın birisi, büyük hadis imamlarından birisi olan Ebu Zur'a er-Râzi'ye, Zilhicce'nin ilk on günü içerisinde İbnu Ebî Hâle'nin Rasûlullah sallallahu aleyhi ve sellem'in

---

[19] Buhârî ve Müslim rivayet etmiştir.

vasfı hakkındaki hadisini sorar. Ebu Zur'a er-Râzi rahimehullah ise:

—*İçerisindeki bir sözün sahih olmamasından korkuyorum"* diyerek o hadisi okumaktan imtina eder.

Adam hadisin okunması hakkında ısrar edince, İmam Ebu Zur'a der ki:

—*Hiç olmazsa Zilhicce'nin ilk on günü çıkana kadar bu hadisi sorma; zira ben Zilhicce'nin ilk on gününde, içerisinde (zayıf olma ihtimali olan) bu tür hadisleri ağzıma almayı hoş görmüyorum.*[20]

Subhanallah!

Büyük hadis âlimi Ebu Zur'a er-Râzi rahimehullah, özellikle Zilhicce'nin ilk on gününde, içerisinde Rasûlullah'a ait olmayan bir şey olabilir endişesiyle bazı ihtimalli hadislerin aktarımını dahi hoş karşılamamıştır. Aslında bu, ilmin bir parçasıdır ve bunu paylaşmakta hiçbir beis olmadığı gibi, aslen gereklidir de. Lakin Selef bu günleri öylesine önemsemişlerdir ki, boş olması ihtimalli olan bir sözü dahi ağızlarına almak istememişlerdir.

Bu rivayeti okuyunca kendin hakkında ne düşünüyorsun?

Acaba bizler ne yapıyoruz? Bu on günde hangi gıybete, hangi boş söze, hangi yalan yanlış bir yığın lafa dalıyoruz?

Şu tür rivayetler artık ne zaman bize fayda verecek? Ne zaman boş şeylerle ağzımızı lekelemeyi bırakacağız?

---

[20] Bkz. Ebu Zur'a er-Râzi ve Cuhûduhu fî's-Sünneti'n-Nebeviyye, 2/551.

Allah için ibret alalım ve bu tür önemli simaların hassasiyetleri artık bizlere bir şeyleri fark ettirsin.

Ne mutlu bu günlerde ağızlarını muhafaza etmeyi becerebilenlere!

❷ ORUÇ.

Altından değerli olan bu günlerde hacca gidemeyenlerin yapacağı diğer bir ibadet ise, *"oruç tutmak"*tır. Oruç, zikre nazaran biraz daha zor olsa da ecir bakımından hiç de azımsanmayacak kadar büyük bir ibadettir.

İmkânı olanların bu günlerin tamamını oruçla geçirmesi meşrudur; lakin bir zorunluluk olarak değil, bir fazilet olarak meşrudur.

Hacca gidemeyenlerin, bu günlerin tamamını olmasa da en azından Arefe gününü mutlaka oruçlu geçirmesi güzeldir. Böylesi büyük fırsat asla kaçırılmamalıdır. Çünkü bu günün orucu bambaşkadır. Hacda olanlara ise bu günü oruçla geçirmek Efendimiz tarafından tavsiye edilmemiştir. [21]

Arefe gününün orucuna dair Rasûlullah sallallahu aleyhi ve sellem şöyle buyurur:

"Arefe günü tutulan oruç, geçmiş bir yılın ve gelecek bir yılın günahlarına kefâret olur"[22]

Subhânallah, bu ne büyük bir müjdedir!

---

[21] Hatta Ebu Dâvûd'un rivayetinde bunu yasakladığı söz konusudur. Bkz. 2444.
[22] Müslim rivayet etmiştir.

Sadece geçmiş yıl içerisinde işlediğin günahlar değil, aynı zamanda gelecek yıl içerisinde işleyeceğin günahlar da bu günde tutacağın oruç sayesinde affedilecektir... Sırf bunun için, bu mükemmel müjdeye nail olmak için Arefe günü oruç tutmaya değmez mi?

Sen, bu müjdeyi aldıktan sonra sakın ha gaflet edip bu orucu kaçıranlardan olma!

Kim bilir, belki bir daha ki seneye buna fırsatın veya ömrün olmayacaktır?

•Adamın birisi İbn Ömer'e Arefe günü tutulan oruç hakkında soru sordu. Bu soruya İbn Ömer radıyallahu anhumâ şöyle cevap verdi: *"Biz, Rasûlullah sallallahu aleyhi ve sellem zamanında o gün tutulan orucu iki yılın orucuna denk görürdük."*[23]

•Ebu Bekr radıyallahu anh'ın oğlu Abdurrahman, Arefe günü kardeşi Aişe'nin yanına girdi. Aişe annemiz oruçlu olduğu için hararetten dolayı üzerine su döküyordu. Abdurrahman ona: "Orucunu bozsana" dedi.

Bunun üzerine Aişe radıyallahu anhâ:

—Rasûlullah sallallahu aleyhi ve sellem'in: *'Arefe günü oruç tutmak, kendisinden önceki senenin günahlarına keffaret olur'* dediğini işittiğim halde mi orucumu bozayım, diyerek karşılık verdi. [24]

— ÖNERİMİZ VAR —

▶Bu günlerde tutulacak orucu gizlemen senin için, ihlâsını muhafaza için, Rabbinin hoşnutluğu için daha hayırlıdır.

---

[23] Sahîhu't-Terğîb ve't-Terhîb, 1014.
[24] Daifu't-Terğîb ve't-Terhîb, 609.

►Eğer riyaya düşmeyeceğine kesin eminsen, kardeşlerini teşvik için önceden onu bildirmende bir beis yoktur. Ama burası her an ayakların kayabileceği bir noktadır; bu nedenle çok dikkatli ol!

►Midene oruç tutturduğun gibi, âzalarına da oruç tuttur. Gözün harama bakmasın, kulağın boş söz dinlemesin, ağzın boş söz sarf etmesin... İşte bunu başarabildiğinde gerçek orucu tutmuş olursun.

►Bu günlerde oruç tutarken bir taşla birçok kuş vur.

Nasıl mı?

Niyetini kontrol ederek...

Niyet öyle bir şeydir ki, bazen insana yapamadığı amelden birçok sevap kazandırır. Sen bu amelinde bir niyetle:

♦Rasûlullah'a ittiba etmeyi,

♦İradeni güçlendirmeyi,

♦Şehvetini kırmayı,

♦Şeytanını kızdırmayı,

♦Hacıların ecrine ortak olmayı,

♦Ve tabi ki en önemlisi Rabbini razı etmeyi amaçla.

O zaman amelin, tıpkı bir kar parçasının zirvelerden aşağıya yuvarlanırken yanına birçok kar tanesini de katarak devasa bir çığa dönüşmesi gibi çoğalıp artacaktır. Bir farkla ki, kar aşağı yuvarlanırken, senin amelin yukarı doğru yükselecektir.

إِلَيْهِ يَصْعَدُ الْكَلِمُ الطَّيِّبُ وَالْعَمَلُ الصَّالِحُ يَرْفَعُهُ

"Güzel sözler ancak O'na yükselir. Onu da sâlih amel yükseltir. (35/Fâtır, 10)

❖❖❖

❸ DUA.

Hacca gidemeyenlerin, bu faziletli günlerde yapabileceği diğer bir ibadet de *"dua"*dır. Dua da tıpkı zikir gibi kolay olan bir ameldir. Bu nedenle bu günlerde asla ihmal edilmemelidir.

Dua, girdiği her kapıyı açan bir anahtar gibidir. Kul, onunla istediği her meşru şeye sahip olabilir. Yeter ki onu kapıya girdirmesini becerebilsin.

Allah subhânehu ve teâlâ, normal anlarda dahi kendisine yapılan samimi duaları boş çevirmekten hayâ eder.

"Kul, ellerini kaldırıp dua ettiğinde Allah o elleri boş olarak geri çevirmekten utanır."[25]

Normal şartlarda duaları reddetmekten hayâ edenin, böylesi değerli günlerde duaları geri çevirmesi hiç söz konusu olur mu?

Bu O'nun şanına yakışır mı?

Ama bu noktada önemli olan, kabule engel olacak hususlara düşmemektir. Kul buna düşmeyeceğini garanti ettiğinde icabet de –biiznillah– garantidir. Bu değerli günlerde kapısını çalan kullarını Allah'ın geri çevirmeyeceği muhakkak olduğu için kapıyı tıklatmada gevşeklik göstermemek ve açıldığına kanaat getirene kadar kapıdan ayrılmamak gerekir.

---

[25] Tirmizî, İbn Mâce rivayet etmiştir.

Rasûlullah sallallahu aleyhi ve sellem, senenin günleri içerisinde kabule en şayan ve kıymet bakımından en değerli olan duanın Arefe günü yapılan dua olduğunu bildirmiştir.

"En hayırlı dua, Arefe günü yapılan duadır."[26]

Diğer bir rivayette ise şöyle buyrulur:

"En değerli dua, Arefe günü yapılan duadır."[27]

Genel olarak Zilhicce'nin on gününde, özel olarak da Arefe gününde bol bol dua etmeli, nefsimiz başta olmak üzere gerek ehlimize gerek akrabalarımıza gerekse tüm kardeşlerimize her türlü hayrı dilemeliyiz. Özellikle insanların kıyafet değiştirdiği gibi akide değiştirdiği şu kasvetli günlerde dinimiz üzere sebat edebilmek için Rabbimize samimiyetle yalvarmalıyız. Ayrıca dualarımızda zor günler geçiren mazlum ümmetimizi de unutmamalıyız.

— ÖNERİMİZ VAR —

▶ Bu günlerdeki dualarımızı farz namazların bitiminde daha çok yapabiliriz. Çünkü Rasûlullah sallallahu aleyhi ve sellem'in namazda en çok dua ettiği yerlerden birisi burasıdır. "Namazın bitimi" sözümüzle salli-bârik dualarından sonrasını kast ediyoruz. Burası genelimizin "Rabbena" diye bilinen Kur'ânî duayı okuduğu yerdir. Burada uzun uzun dua etmek çok güçlü bir sünnet olmasına rağmen maalesef halkımız tarafından terk edilmiştir. Unutulan bu sünneti yeniden hayata geçirerek hem bir sünneti ihya etme ecrine sahip olabilir hem de dualarımızın daha çok kabulüne kapı aralayabiliriz.

---

[26] Tirmizî rivayet etmiştir.
[27] İmam Mâlik rivayet etmiştir.

▶ İftar anları da dua için kaçırılmayacak bir zaman dilimidir. Bu anları da değerlendirmede gevşeklik ve gaflet göstermemek gerekir.

▶ Ezanların ardı da ihmal edilecek bir zaman değildir. Günde beş sefer olması ayrı bir fırsattır.

▶ Özellikle de seher vakitleri[28] duanın kabulü için harika bir zamandır. Hele seher vakti ile Arefe gecesini birleştirenler, dualarına kabul mührünün nasıl süratle vurulduğuna kendileri bile inanamazlar. Tabi eğer Allah'ın özel bir muradı yok ise...

▶ Zikrettiğimiz bu zaman dilimlerinde özellikle Kur'ân ve Sünnette geçen dualarla niyazda bulunmak kabul açısından çok önemlidir. Bu dualara, kendi indî dualarımıza nispetle daha çok öncelik vermek gerekir.

❖❖❖

❹ GECE KIYAMI.

Hacca gidemeyenlerin, altından değerli olan bu mübarek günlerde yapabileceği diğer faziletli bir ibadet de *"gece kıyamı"*dır.

Gece kıyamı ile kast edilen öncelikle teheccüd namazı kılmaktır. Bununla birlikte geceleri ihya etme adına Kur'ân okumak, dua etmek, zikir yapmak, tefekkürde bulunmak da bu kıymetli ibadetin kapsama alanına dâhildir. Bir kul, saydığımız bu maddelerden herhangi birini yaparak gecesini kıyamla geçirmiş olur. Lakin gece kıyamından

---

[28] Seher vakti, gecenin bitmesine en yakın zaman dilimidir. Bu zamandan kısa bir süre sonra fecrin atmasıyla sabah namazının vakti girer. İşte fecrin atmasından önceki bu süreç, asla ihmal edilmeyecek bir zaman aralığıdır. Orada dua, istiğfar ve zikir gibi değerli amellerle Rabbimizin icabet kapısı çokça çalınmalıdır.

öncelikle "gece namazının" kast edildiğini aklımızdan çıkarmamamız gerekir; zira namaz içerisinde Kur'ân okumak başta olmak üzere, gece kıyamında yapabileceğimiz diğer her türlü ibadet mevcuttur. Yani dua etmek de zikir yapmak da tefekkürde bulunmak da aslen bu namaz içerisinde vardır. Dolayısıyla gecesinde namaz kılan bir kişi, otomatik olarak bu sayılan ibadetlerin hepsini yapmış olacaktır.

İşte bunun için bu mübarek günlerin gecelerinde mutlaka teheccüd namazı kılmak gerekir.

Rabbimiz'in *"On geceye yemin ederim ki..." (89/Fecr, 2)* buyruğuyla, râcih olan görüşe göre Zilhicce'nin ilk on gecesi kast edilmektedir. Âlemlerin Rabbi bir şeye yemin etmişse, bilmem onun fazileti için başka bir şey söylemeye hâcet var mıdır? Allah bu gecelere yemin edecek kadar önem atfetmişse, bizlerin bu önemi idrak etmesi ve hakkı ile gereğini yerine getirmesi gerekmektedir.

Rasûlullah sallallahu aleyhi ve sellem gece kıyamı ile alakalı olarak şöyle buyurur:

"Kim geceyi 'on' ayetle ihya ederse gâfillerden yazılmaz. Her kim 'yüz' ayetle ihya ederse hakkıyla ibadet edenlerden kaydedilir. Kim de 'bin' ayetle ihya ederse kantar kantar sevap elde edenlerden yazılır."[29]

"Geceleri namazla kıyamda durunuz. Çünkü bu sizden önceki sâlih insanların yolu, Rabbinize yaklaştırıcı, kötülükleri örtücü ve günahları yok edicidir."[30]

---

[29] Hâkim rivayet etmiştir. Hadis *"sahih"*tir.
[30] Tirmizî rivayet etmiştir. **NOT:** Gece namazının faziletini anlatmak başlı başına müstakil bir risalenin konusu olduğu için burada daha faz-

— ÖNERİMİZ VAR —

►Zilhicce'nin bu on günü içerisinde her gece istisnasız teheccüde kalkmanı sana tavsiye ederiz. Şayet yorgunluğun veya uykun nedeniyle şeytan seni bu namazdan alıkoymaya çalışacak olsa, o zaman Rasûlullah'ın yaptığı gibi **oturarak ve hafifçe iki rekât** teheccüd kılabilirsin. Yani uykudan ölüyor olsan dahi, kalk ve oturduğun yerde en kısa sûreleri okuyarak teheccüdünü kıl. Bu bile seni Allah'ın izniyle maksada ulaştıracaktır.

►Yine bu günlerde, istisnasız bir şekilde her gece teheccüde kalkmanı sana öğütleriz. Ama diyelim ki yorgunluğun sana galebe çalmasından dolayı uyanamazsan, o zaman **bu namazı kaza etmeni** tavsiye ederiz. Zira Allah Rasûlü sallallahu aleyhi ve sellem bu namaza uyanamayacak olsa, sabah ile öğle arasında onu kaza ederdi.

►Bu mübarek günlerin gecelerine **eşini de şahit kıl**; onu da gece kıyamına uyandırarak bu fazilete ortak et. Sen, Rasûlullah sallallahu aleyhi ve sellem'in gece kıyamına eşlerini uyandıranlara Allah'ın rahmet etmesini temenni ettiğini biliyorsun.

"Gece kalkıp namaz kılan, sonra da hanımını uyandıran, şayet kalkmak istemezse yüzüne su serpen erkeğe Allah rahmet etsin. Ve yine geceleyin kalkıp namaz kılan, sonrasında da kocasını uyandıran, eğer kalkmak istemezse yüzüne su serpen kadına Allah rahmet etsin."[31]

---

la detaya girmeyeceğiz. Sadece önemli gördüğümüz birkaç hususu hatırlatmak istedik.
[31] Ebu Dâvûd rivayet etmiştir.

Ayrıca bunun, kulu *"Allah'ı çokça zikredenler"* makamına ulaştırdığını da biliyor muydun?

"Bir kimse geceleyin karısını uyandırır da beraberce veya her biri kendi başına iki rek'ât namaz kılarlarsa, Allah'ı çokça zikreden erkekler ve Allah'ı çokça zikreden kadınlar arasına yazılırlar."[32]

▶ Zilhicce'nin ilk on gecesini "firesiz" değerlendirebilmek ve her gecesinde muhakkak kalkabilmek için bazı hususlara dikkat etmek gerekir. Bunları şu şekilde özetleyebiliriz:

a) Az Yemek. Akşamları çok yemek insanı rehavete düşüreceği için hâliyle gece namazını zorlaştırır. Bu nedenle, özellikle bu değerli günlerde yatmadan önce mide tıka basa doldurulmamalıdır.

b) Kaylûle Uykusu Uyumak. Kaylûle, gündüzün ortasında bir süreliğine uykuya çekilerek istirahat etmek demektir. Kişi bu istirahatıyla gece ibadetine daha kolay kalkacaktır.

c) Yatağı Sertleştirmek. Aşırı derecede yumuşak, son derece konforlu ve neredeyse içine gömüldüğümüz yataklar, bizleri gece namazından alıkoyan yataklardır. Özellikle bu değerli günlerde geceleri kıyam etmek isteyenlerin, minder tarzı daha mütevazı yatakları tercih etmesi güzel olur.

d) Günahlardan Uzak Durmak. Adamın birisi İbrahim b. Ethem'e:

—Ben gece kalkmaya güç yetiremiyorum; bana bir reçete yazar mısın, dedi.

---

[32] Ebu Dâvûd rivayet etmiştir.

Bunun üzerine İbrahim b. Ethem adama:

—Gündüz O'na isyan etme ki, gece seni huzuruna diksin. Şüphesiz ki senin geceleyin O'nun huzuruna dikilmen en şerefli işlerdendir. Günahkâr ise bu şerefe nail olamaz.[33]

e) Namaza Kaldıracak Bir Arkadaş Edinmek. Eğer saatin veya telefonun alarmı seni uyandırmaya yetmiyorsa yahut uyansan da gaflet edip geri kapatıyorsan, bu durumda mutlaka seni uyandıracak bir arkadaş edin. Telefonlaşarak veya başka bir metotla gece namazına kalkmaya çalış. Allah Rasûlü'nün sevdiği kimselerin evine giderek onları gece namazına kaldırması bu noktada sana örnek olsun.

Rabbim, uykularımızı ıslah ederek gecelerimizi bereketlendirsin. Az uykuyla bizi yetindirsin. Gereği gibi bu değerli ameli işlemeye bizleri muvaffak kılsın. Kur'ân'ı, gecenin karanlıklarında bize yoldaş eylesin. O eşsiz vakitlerde hakkıyla onu anlamayı nasip etsin. Gece kıyamını bize kolaylaştırsın. Onunla gönüllerimizi nurlandırdığın gibi, yüzlerimizi de nurlandırsın. Hem bizi hem de bu yazıyı okuyan kardeşlerimizi gündüzün yiğidi, gecenin âbidi eylesin. (Allahumme âmîn)

❺ KUR'ÂN OKUMAK.

Hacca gidemeyenlerin, bu mübarek günlerde yapabileceği diğer faziletli bir ibadet de hiç kuşkusuz *"Kur'ân okumak"*tır.

---

[33] Tenbîhu'l-Muğterrîn, sf. 35.

Kur'ân'ı gereği gibi ve hakkını vererek okumak; kişiye sayısını ancak Allah'ın bilebileceği kadar sevap kazandırmasının yanı sıra, kalbi en çok cilalayıp parlatan, manevî hastalıklardan kurtaran, gönle neşe ve huzur veren ameliyedir aynı zamanda.

Kur'ân okumanın sevabı hakkında Rasûlullah sallallahu aleyhi ve sellem'in şu sözünü bilmek yeterlidir.

"Kim Kur'ân'dan bir harf okursa onun için bir iyilik vardır. Her bir iyiliğin karşılığı ise on sevaptır. Ben 'elif-lâm-mîm' bir harftir demiyorum; bilâkis 'elif' bir harftir, 'lâm' bir harftir, 'mîm' de bir harftir."[34]

Ama Rabbini ve dinini doğru tanıma derdi olan bir kimsenin sadece sevaba odaklanması doğru değildir. Önemli olan anlamaya yönelik bir okuma yapmaktır. Zaten bu olduğunda sevap kaçınılmaz olarak beraberinde gelecektir.

Özellikle tedebbür ve manaları üzerinde derin düşüncelerle yapılan bir kıraat, manaevî açıdan kişiye sayılamayacak kadar fayda sağlar. İbn Teymiyye rahimehullah der ki:

"Kur'ân'ı emredildiği şekil üzere okumak kalbe büyük bir iman kazandırır. Ve yine kalbin yakînini, mutmainliğini ve şifasını artırır."[35]

Bu bakımdan, özellikle bu faziletli günlerde ve bu günlerin gecelerinde fırsat buldukça veya özel fırsatlar çıkararak nitelikli bir Kur'ân kıraati yapmak gerekir. İbn Kayyım rahimehullah der ki:

---

[34] Tirmizî rivayet etmiştir.
[35] Mecmuu'l-Fetâvâ, 1/165.

"Eğer insanlar Kur'ân'ı düşünerek gereğince okumanın önemini bir bilselerdi, her şeyi bırakır sadece onunla ilgilenir, düşünerek onu okur ve kalplerine şifa olan bir âyet geldiğinde yüzlerce kez onu tekrar ederlerdi. Dolayısıyla bir ayeti düşünerek ve anlayarak okumak, düşünmeden ve anlamadan Kur'ân'ı hatmetmekten daha hayırlı, kalp için daha faydalı, imanı elde etme ve Kur'ân'ın tadını alma hususunda daha etkilidir."[36]

Kur'ân'ın temel gayesi öncelikle âyetlerinin derinden derine düşünülmesi, sonrasında da kendisi ile amel edilmesidir. Okumak bu gayeye götüren bir vesile olduğu için emredilmiştir. Bu nedenle, vesile ile gayenin çok iyi analiz edilmesi ve bu iki olgunun asla birbirine karıştırılmaması gerekmektedir. İmam Âcurrî rahimehullah der ki:

"Üzerinde tefekkür ederek ve düşünerek okumakla Kur'ân'dan alacağım azıcık bir dersi, üzerinde düşünmeksizin çokça okumaktan daha fazla severim.[37]

Kur'ân okuma konusunda Müslümanların "mevsimselliği" veya diğer bir ifadeyle "sezonluğu" bırakmaları gerekir. Yani sadece Ramazan'da, mübarek gün ve gecelerde veya hâcet anlarında değil, temel bir gıda misali onunla hem dem olacak şekilde sürekli bir kıraat yapmaları elzemdir. Çünkü biz kulluğumuzun temellerini ve nasıl olması gerektiğini öncelikle Kitabımız'dan öğrenmekteyiz. Böylesi önemli bir hakikat gözümüzün önünde dururken, nasıl olur da onu okumayı belirli anlara hasredebiliriz?

Artık bu sezonluk okumaları bırakmalı ve Kitabımız'a hak ettiği değeri vererek gereği gibi bir okuma yapmalıyız.

---

[36] Miftahu Dâri's-Saâde, 1/181.
[37] Diriliş Muştusu Kurân-ı Kerim, sf.173.

"Kur'ân okuma" derken sadece Arapçasından tilavet etmeyi kast etmediğimiz herhalde izahtan vârestedir.

— ÖNERİMİZ VAR —

▶ İmkânın varsa bu on günde baştan sona bir hatim yaparak ecirlerini katlayabilirsin.

▶ Yine bu on gün için kendine **özel bir sûre** belirleyip onun üzerinde tefekkür yapabilirsin.

▶ Bu on günün her gecesinde yatmadan önce *"âmenerrasûlu"* diye bilinen Bakara Sûresi'nin son iki ayetini okuyabilirsin. Bu da Kur'ân'la irtibatı koparmamak için önemlidir.

Bu iki ayetin faziletine dair şu hadise bir kulak ver:

"Her kim (yatmadan önce) Bakara Sûresi'nin sonundan iki ayeti okursa, bu, ona yeter."[38]

Acaba bu ayetler hangi konuda ona yeter?

a) Kendisine eziyet veren her şeyin şerrine karşı ona yeter.

b) Gece namazına kalkamazsa, onun ecrini alma hususunda ona yeter.

▶ Kur'ân'ı nasıl okuman gerektiğini ve okurken onunla nasıl etkileşim içerisine gireceğini öğrenmek istiyorsan sana *"Davacın Peygamber Olursa?"* adlı eserimizi tavsiye ederiz. Bu kitap, Kur'ân okumayla alakalı önemli konuları ele almaktadır.

❖ ❖ ❖

 HARAMLARDAN SAKIN.

---

[38] Buhârî rivayet etmiştir.

Hacca gidemeyenler, bu mübarek günlerde zikrettiğimiz faziletli amellerden hiçbirisini yapamasalar bile şu zikredeceğimiz şeyi yapmaları durumunda insanların en âbidi konumuna yükselebilirler.

Peki, nedir o şey?

"Haramlardan sakınmak."

Rasûlullah sallallahu aleyhi ve sellem şöyle buyurur:

"Haramlardan sakın, insanların en âbidi olursun" [39]

Âbid olmak için sadece çokça ibadet gerekmez. Bunun en temel noktası Allah'ın haramlarından sakınmak ve dinen yasak sayılan eylem ve söylemlerden uzak durmaktır. Böyle yapan birisi Allah katında, çokça ibadet ettiği halde haramlarla içli dışlı olanlardan daha faziletli ve Allah'a daha sevimlidir. Aişe annemiz der ki:

"İbadetle yorulanları geçmek kimi sevindirirse, günahlardan vazgeçsin." [40]

Bu nedenle özellikle Zilhicce'nin ilk on gününde haramlardan daha çok sakınmalı ve bu şekilde âbidlerden olma yolunda daha öteye ilerlemeliyiz.

— ÖNERİMİZ VAR —

▶ Bu günlerde özellikle harama bakmamalıyız. Çünkü sâlih kullar kulluk menzilelerinde ilerlerken bizim haramlarla hemhâl olmamız Allah'ı öfkelendirebilir. Rasûlullah sallallahu aleyhi ve sellem şöyle buyurur: *"Hiç şüphesiz Al-*

---

[39] İmam Ahmed ve Tirmizî rivayet etmiştir.
[40] İbnu Ebi'd Dünya, Kitabu'l Vera', 4 numaralı rivayet.

lah kıskanır. Allah'ın kıskanması, haram kıldığı şeyleri mü'min kulunun işlememesidir."⁴¹

Hele çarşı-pazarlarda çalışan kardeşlerimizin bu konuya daha çok özen göstermeleri gerekir; çünkü sözüm ona bayram için kıyafet almaya çıkan giyinik çıplaklar bu alanlarda daha yoğun bulunmaktadır.

▶ Gıybet gibi ağzımızı kokutan kötü hasletlerden bu günlerde özellikle daha çok sakınmalıyız.

▶ Boş konuşmaları terk etmeliyiz.

▶ Günah işlenen ortamlarda durmamalıyız. Sigara içenlerin yanında durmamak da buna dâhildir. Bu mübarek günlerde onların münkerlerine şahit olmamalıyız.

---

⁴¹ Buhârî ve Müslüm rivayet etmiştir.

DAHA NELER YAPABİLİRİM?

Bu saydığımız maddelerin yanında şu amelleri de yaparak bu günlerimizi daha güzel değerlendirebiliriz:

① Tevbe ve istiğfarlarımızı artırabiliriz. Tevbe ve istiğfar için de en ideal lafızlar, Rasûlullah sallallahu aleyhi ve sellem'in sürekli dillendirdiği:

"Estağfirullah",

"Estağfirullâhe ve etûbu ileyh",

"Rabbiğfirli" gibi lafızlardır.

② Allah'a yaklaştırıcı manevî dersler dinleyebiliriz. Bu günlerde ticareti gereği fazla bir şeyler yapma imkânı bulamayanlar, bulundukları ortamlarda sahih bilgiler veren dersler dinleyerek bu günleri değerlendirebilirler.

③ Namazlarımızı artırabiliriz. Bu günlerde özellikle *"kuşluk namazına"* ve yine her abdestten sonra kılınan *"abdest namazına"* özen gösterebiliriz.

④ Namazlarımızı kardeşlerimizle cemaatle kılabiliriz. Bu da az işle çok ecir kazandıran amellerdendir.

⑤ Sadaka verebiliriz. Özellikle de Kurban Bayramına yaklaşıldığı için ihtiyaçların artması nedeniyle etrafımızda fakir olan Müslümanların ihtiyaçlarını karşılayabilir ve maddî desteklerimizle onları sevindirebiliriz. Bu da bu günlerde işlenecek en ideal amellerdendir.

⑥ Sıla-ı rahim yapabiliriz. Bu bağlamda anne-babamızı, kardeşlerimizi ve bilumum akrabalarımızı ziyaret edebiliriz. Bunun neticesinde karşılıklı nasihatleşmeler söz konusu olur. Bu da hem bizdeki hem de onlardaki eksikliklerin gitmesine yardımcı eder.

⑦ Kabir ziyareti yapabiliriz. Bu bize ölümü, kabir sorgusunu, âhireti, amellerimizin hesabını vereceğimiz hesap gününü hatırlatır; bizi daha iyi bir kulluğa sevk eder.

⑧ İtikâfa girebiliriz. Malum, itikâf ibadeti sadece Ramazan'a özgü bir şey değildir. Meşru olan her mescidde her an yapılabilir. Kardeşlerimizle programlar yaparak itikâfa girebiliriz. Batıl işlerle meşgul olmama açısından bunun çok önemli bir yeri vardır.

Ve daha nice sâlih, güzel ve Rabbimizi razı edecek değerli ameller...

HAC SEVABINA DENK SAYILAN AMELLER

Giriş bölümünde de söylediğimiz gibi, İslam bazı amelleri yapmayı sanki hac yapmak gibi kabul etmiş, onları yapanlara hacılara verilen ecrin aynen verileceğini vaad etmiştir. Bu amellerden bazıları şunlardır:

❶ SABAH NAMAZINDAN SONRA BEKLEYİP İKİ REKÂT "İŞRAK NAMAZI"[42] KILMAK.

Rasûlullah sallallahu aleyhi ve sellem şöyle buyurur:

"Her kim sabah namazını cemaatle kılar sonra oturup güneş doğuncaya kadar Allah'ı zikreder sonra da iki rekât (işrak) namazı kılarsa, bir hac ve umre yapmış gibi sevap kazanır."[43]

Bazı rivayetlerde bunun "tam bir hac ve umre" kaydı ile kayıtlandığı ifade edilir. Ve bu söz üç kere tekrarlanır. Yani bu ameli yapana eksiksiz bir hac ve umre sevabı vardır.

Subhanallah, bu ne büyük bir mükâfattır!

Bu amel, hac sevabına denk gelecek kadar büyük ve değerli bir amel olmasına rağmen, sırf içerisinde uyku ile mücadele söz konusu olduğu için ümmet tarafından artık

---

[42] Bazı âlimlerimiz "işrak namazı" ile "duha namazı"nın aynı şey olduğunu söylemişken; bazıları da güneş doğduktan sonra bir mızrak boyu yükseldiğinde kılınan nafile namaz "işrak namazıdır", güneş ilerleyip sıcağını iyice hissettirdiği zaman kılınan namaz ise "duha namazıdır" demişlerdir. Bu ikinci görüş –Allahu a'lem- daha doğrudur.

[43] Tirmizî rivayet etmiştir.

neredeyse terk edilmiş, unutulmuştur. Aslı itibariyle çok da zor olmayan kolay bir ameldir.

Bu hadise göre bir Müslüman, tam ve eksiksiz bir hac ecri almak istiyorsa yapacağı üç şey vardır:

1- Mü'min kardeşleriyle bir arada cemaatle sabah namazı kılmak,

2- Namazdan sonra namazgâhtan ayrılmadan oturup güneş doğana kadar Allah'ı zikretmek,

3- Güneş doğduktan sonra iki rekât işrak namazı kılmak.

Buradaki *"güneş doğana kadar"* ifadesini başka hadislerin yardımıyla *"güneşin yükselip artık nafile namaz kılmanın mekruh olmayacağı vakit girene kadar"* şeklinde anlıyoruz. Nafile namaz kılmanın artık mekruh olmayacağı vakit, güneşin doğup bir mızrak boyu yükselmesi ile başlar. Bu da ortalama güneş doğduktan 40 veya 45 dakika sonra söz konusu olur. Buna göre namazgâhta oturan birisi, bu süre zarfına kadar yerinden ayrılmadan Rabbini zikretmeli, sonra da namazını kılmalıdır.

"Acaba bu kadar basit bir amelle hac ecrini almak nasıl mümkün olabilir?" diye akla bir sorunun takılması mümkündür. Buna şöyle cevap veririz:

1- İslam, bazı amellere, basit ve kolay olmasına rağmen çok büyük mükâfatlar vaad etmiştir. Bu, dinde bilinen bir husustur ve tamamen Allah'ın biz kullarına olan ikramıdır. Allah'ın ikramı sorgulanamaz; dilediğine dilediği gibi ödül, ecir ve mükâfat verebilir.

2- Allah katında amellere verilecek sevaplar, kulların verdiği mükâfatlar gibi net rakamlarla kıyaslanmaz. Kul bazen çok küçük bir amelle çok büyük bir mükâfat elde edebilir.

3- Bu amel, her ne kadar hac ecri verilmesine neden olsa da kişiden haccın farziyyetini ve sorumluluğunu düşürmez. Bilindiği üzere hac, Allah'ın, imkânı olan her mü'minden talep ettiği bir farzdır ve bu farz, bu tür bir amelle sâkıt olmaz. Bundan dolayı âlimlerimiz böylesi ifadelere:

المشابهة في الجزاء لا في الإجزاء

"Benzerlik karşılıktadır, karşılamada değil" diyerek cevap vermişlerdir. Yani bir amelin başka bir amele ecir bakımından kıyas edilmesi, sadece sevabın benzerliği noktasında söz konusudur. Üzerine kıyas yapılan amelin aslını karşılama yönünden bir benzerlik değildir. Buna göre bir insan, ne kadar bu ameli yaparsa yapsın, asla hac yapmış gibi olmaz ve ona hacı olmuş hükmü verilmez.

Böylesi benzetmeler Rasûlullah sallallahu aleyhi ve sellem'in Sünnetinde yoğun bir şekilde vardır. Mesela O, bir hadisinde şöyle buyurur:

> *"Bir kimse her gün yüz defa, 'lâ ilâhe illallahu vahdehû lâ şerîke leh, lehu'l-mulku ve lehu'l-hamdu ve huve alâ kulli şey'in kadîr' derse on köle âzâd etmiş kadar sevap kazanır."*[44]

Bir insan bu zikri ne kadar yaparsa yapsın, şer'an bazı cezalarda söz konusu edilen köle âzad etmiş olmayı yerine

---
[44] Buhârî rivayet etmiştir.

getirmiş sayılmaz. Ama onun bu zikri, kendisine on köle âzad etmiş kadar sevap kazandırır. İşte bu hadisleri bu minvalde anlamak, zihinlerde oluşacak şüpheleri izale eder.

❷ MESCİDLERE İLİM ÖĞRENMEK VEYA ÖĞRETMEK MAKSADIYLA GİTMEK.

Rasûlullah sallallahu aleyhi ve sellem şöyle buyurur:

"Her kim mescide, sadece bir hayrı öğrenmek veya öğretmek amacıyla gelirse, ona haccı tam olan bir hacının ecri gibi ecir verilir."[45]

Bir Müslüman, hâlis bir niyetle ilim öğrenmek veya öğretmek amacıyla mescide giderse mutlaka Rasûlullah tarafından vaad edilen bu ecre nail olur.

Hadiste mevzu bahis edilen mükâfat, öncelikle mescidlerde akdedilen ilim halkaları için söz konusudur. Peki, mescidlerin olmadığı veya olup "dırar" hükmünde sayıldığı yerlerde durum ne olacak?

Böylesi ortamlarda bir Müslüman, niyetini sahih tutması şartıyla, mescid haricinde ilim paylaşılan herhangi bir yere giderse, ortada imkânsızlık söz konusu olduğu için inşâallah bu mükâfata nail olması umulur. Özellikle mescidlerin fonksiyonunu yitirdiği şu günümüzde, ilim adına akdedilen her yere bu niyetle gitmek gerekir.

❸ BİR MÜSLÜMANI HACCETTİRMEK.

İslam, hayra aracılık edenlere tıpkı o hayrı yapanlar gibi ecir vaad etmiştir. Rabbimiz şöyle buyurur:

---

[45] Taberânî rivayet etmiştir. Hadis *"hasen"* veya *"sahih"*tir.

"Kim güzel bir aracılıkta bulunursa, ona ondan bir pay vardır." (4/Nisa, 85)

Rasûlullah sallallahu aleyhi ve sellem de şöyle buyurur:

"Hayırlı bir işe ön ayak olan kimse, onu yapan gibi sevap kazanır"[46]

Bir gün Amr b. Âs radıyallahu anh, kâfir olarak ölmüş dedesi adına köle âzad ederek tasaddukta bulunmayı murad etti ve bunun olup-olmayacağını Rasûlullah'a sordu. Bu soruya Rasûlullah sallallahu aleyhi ve sellem şöyle cevap verdi:

"Eğer o Müslüman olsaydı, siz de onun adına köle âzad etseydiniz veya tasaddukta bulunsaydınız yahut hac yapsaydınız, bunun ecri ona ulaşırdı."[47]

Demek ki birisi adına hac yapmak ve bundan ona ecir sağlamak mümkündür.

Bu nedenle, maddî imkânı olup bazı sebeplerden dolayı hacca gidemeyen Müslümanlar, paralarının gücünü kullanarak kardeşlerini hacca gönderebilirler. Böyle yaptıklarında tıpkı hac ibadetini îfa eden o kimselerin hac ecri gibi sevap kazanırlar.

❹ RAMAZAN AYINDA UMRE YAPMAK.

Rasûlullah sallallahu aleyhi ve sellem şöyle buyurur:

"Ramazanda yapılan umre bir hacca denktir."[48]

---

[46] Tirmizî rivayet etmiştir.
[47] Ebu Dâvûd etmiştir.
[48] Buhârî ve Müslim rivayet etmiştir.

İmam Müslim'in rivayetinde bunun "Rasûlullah ile beraber yapılan bir hacca" denk geleceği ifade edilmiştir.

Umre yapmayı murad eden kardeşlerimiz, bu umrelerini Ramazan'a denk getirmeleri durumunda umrelerinin yanında bir de hac ecri kazanacaklardır. Hem de Rasûlullah ile beraber yapılan bir hac ecri...

Bu sayılanlar, hac sevabına denk gelecek değerli bir takım amellerden bazılarıdır. Hadis kitaplarında, sırf farz namazlarını kardeşleriyle beraber kılmak için mescide gitmek ve anneye iyilik etmek gibi bu sayılanların dışında da hac sevabına muadil görülen bazı ameller mevcuttur.

Rabbim hacca gidemeyen tüm kardeşlerimize bu amelleri yapmayı kolay kılsın ve onları bu büyük ecirden mahrum etmesin. (Allahumme âmîn)

HANGİSİ DAHA EFDAL?

Risalemizin sonuna doğru konuyla alakalı akla takılması muhtemel olan iki soruyu cevaplandırmak istiyoruz.

❶ Bu sorulardan ilki, Zilhicce'nin ilk on gününün mü, yoksa Ramazan'ın son on gününün mü daha efdal olduğuyla alakalıdır.

Acaba gerçekten hangisi daha faziletli ve üstündür?

Bu soru: *"Zilhicce'nin ilk on günü mü, yoksa Ramazan'ın son on günü mü daha efdaldir?"* denilerek Şeyhu'l-İslam İbn Teymiyye rahimehullah'a sorulmuş, o da *"Fetâvâ"*sında buna şöyle cevap verilmiştir:

"Zilhicce'nin ilk on günü Ramazan'ın (son) on gününden daha faziletlidir. Ramazan'ın son on gecesi ise, Zilhicce'nin ilk on gecesinden daha üstündür."[49]

İbn Teymiyye'nin verdiği bu harika cevabı öğrencisi İbn Kayyım rahimehullah değerlendirmiş ve neticesinde cevabın kalitesine dikkat çekerek şöyle demiştir:

"Akıllı bir insan, bu cevabı düşündüğünde onun sadra şifa yeterli bir cevap olduğunu görür. Çünkü normal günlerde işlenen ameller arasında Allah'a, Zilhicce'nin ilk on gününde işlenen amellerden daha sevimlisi yoktur. Arefe günü onun içindedir, kurban günü onun içindedir, terviye günü[50] *onun içindedir... Ramazan'ın son on gece-*

---

[49] Mecmuu'l-Fetâvâ, 25/154.

[50] Zilhicce'nin sekizinci günü, yani Arefe gününden bir önceki gün "Terviye" günüdür. Terviye sözlükte; sulama, suya kandırma, bir işi yaparken enine boyuna düşünüp taşınma gibi anlamlara gelir. Bu güne

sine gelince; bu geceler, Rasûlullah'ın tamamını ibadetle geçirdiği 'ihya geceleri'dir. Bin aydan daha hayırlı olan gece (Kadir gecesi) onun içindedir. Artık her kim, (bu konuda) bu detaydan başka bir şeyle cevap verirse, sahih bir delil getirmesi kendisine mümkün olmaz."[51]

Buna göre Zilhicce'nin ilk on günü **gündüzleri itibariyle** Ramazan'ın son on gününün gündüzlerinden daha faziletlidir. Ama gecelere gelince; hiçbir gece Ramazan'ın son on gecesinden üstün olamaz. Ramazan'ın son on gecesi, Rasûlullah'ın onları aralıksız ihya etmesi ve içerisinde Kadir gecesi olması hasebiyle her geceden daha efdaldir. Buna Zilhicce'nin ilk on gecesi de dâhildir.

❷ Bu sorulardan ikincisi ise, Zilhicce'nin dokuzuncu günü olan Arefe'nin mi, yoksa Zilhicce'nin onuncu günü olan Kurban bayramının mı daha üstün ve faziletli oluşuyla alakalıdır.

Acaba gerçekten de bunlardan hangisi daha efdaldir?

Bu soru da tıpkı bir önceki soru gibi: *"Arefe günü mü, Cuma günü mü, Ramazan bayramı günü mü, yoksa Kurban bayramı günü mü daha faziletlidir?"* denilerek İbn Teymiyye'ye sorulmuş, o da şöyle cevap verilmiştir:

"Haftanın günlerinin en faziletlisi, âlimlerin ittifakıyla cuma günüdür. Senenin günlerinin en faziletlisi ise, kurban günüdür. Bazı âlimler bunun Arefe günü olduğunu söylemiştir ama birinci görüş daha râcihtir; çünkü

"Terviye" denmesinin sebebi, hacıların o gün Zemzem suyundan çokça içip develerini de bolca sulamalarındandır. Istılahta ise hac menâsikinin ifa edilmesine başlandığı gündür. Hacılar o günde artık Mekke'den Minâ'ya doğru yola çıkarlar.

[51] Bedu'l-Fevâid, 4/242.

Sünenlerde Rasûlullah sallallahu aleyhi ve sellem'in şöyle buyurduğu rivayet edilmiştir: **'Allah katında günlerinin en faziletlisi (bayramın ilk günü olan) kurban günüdür, sonra bayramın ikinci günüdür.'** Bu gün; İmam Mâlik'in, İmam Şafiî'nin ve İmam Ahmed'in görüşüne göre 'Hacc-ı Ekber'dir. Sahihde Rasûlullah sallallahu aleyhi ve sellem'in şöyle dediği sabit olmuştur: **'Hacc-ı Ekber kurban günüdür.'** Bu günde Müzdelife'de vakfeye durmak, sadece birinci Akabe cemresine taş atmak, kurban kesmek, tıraş olmak ve ifâda tavafı yapmak gibi diğer günlerde yapılamayan ameller vardır."[52]

---

[52] Mecmuu'l-Fetâvâ, 25/288.

SON OLARAK

Konumuzla alakalı olarak önemli gördüğümüz şu iki hususun altını çizerek siz kardeşlerimize veda etmek istiyoruz:

❶ Bu günleri hakkıyla eda edebilmek için Zilhicce ayının hilalini gözetlemek ve bu ayın hangi gün başladığını iyi tespit etmek gerekir. Allah'ın ahkâmını hiçe sayanların bizim aylarımızı tespit noktasında söz söyleme hak ve salâhiyetleri yoktur. Bu nedenle Müslümanların kendi imkânlarıyla bu tespitleri yapmaları veya yaptığını iddia edenlerden güvendiklerinin sözleriyle amel etmeleri gerekir. Aksi halde hayrın büyük bir kısmından mahrum olabiliriz.

❷ Kurban kesme imkânı olan kardeşlerimizin, Rasûlullah sallallâhu aleyhi ve sellem'in dikkat çektiği şu hususa dikkat etmeleri gerekir:

"Zilhiccenin onu girdiğinde sizden kim kurban kesecekse, (kurbanını kesinceye kadar) saçından ve tırnaklarından bir şey almasın."[53]

Bu hadis, Kurban bayramında kurban kesmek isteyen bir Müslümanın, Zilhiccenin ilk gününden kurbanını kesene kadarki süre içerisinde saçlarını, sakallarını ve vücudundaki sair kıllarını tıraş etmesini yasaklamaktadır. Ve yine el ve ayak tırnaklarını kesmeyi de bu yasağa dâhil etmektedir.

---

[53] Müslim rivayet etmiştir.

Buna göre, kurban kesecek bir Müslümanın Zilhicce ayı girmeden tıraşını olması, saçını, sakalını, bıyığını ve tırnaklarını düzeltmesi gerekmektedir. Böylesi kimselerin toplumda adet edinildiği üzere bayrama yakın bir zamanda tıraş olmaları hoş değildir. Hatta âlimlerimizden bazıları bunun caiz olmadığını dahi söylemiştir.

Kurban kesmeyecekler için ise böylesi bir yasaklama söz konusu değildir.

VE BİR DUA...

Ey bağışlanmamız için biz kullarına binlerce fırsat sunan Kerem sahibi Rabbim! Sen bize bu mübarek günlerin hayırlarını ihsan et. Bizleri bu günlerdeki faziletli amellerden yoksun kılma. Hacca gidemediğimiz için hacı kardeşlerimizin ecirlerinden mahrum eyleme. Bizi bağışla, bizi affet, bize merhamet et.

Ümmet olarak zayıflığımızı, acizliğimizi, mazlum ve mahzûn oluşumuzu sadece Sana şikâyet ediyoruz. Kâfirlerin bize galebe çalmasından, imanlarımıza göz dikmelerinden, çocuklarımız üzerinde kötü emellerini gerçekleştirmelerinden Sana sığınırız.

Nerede İslam'ından dolayı zulüm gören bir mazlum varsa ona yardım et, onu koru, ona sahip çık. Onun destekçisi Sen ol Allah'ım.

Tüm esir ve mahkûm kardeşlerimizin esaret bağlarını çöz ve bir an önce hayırla onları ailelerine kavuştur.

Senin dinini yüceltmek için doğuda ve batıda gayret eden tüm kardeşlerimize sebat ver ve onları yakın bir zafere ulaştır.

Ey merhametlilerin en merhametlisi! Bizi rahmetinle sâlih kulların arasına kat. (Allahumme âmîn)

Ve'l-hamdu lillahi rabbi'l-âlemîn